¡Serpentacular!

BLACKBIRCH PRESS

An imprint of Thomson Gale, a part of The Thomson Corporation

THOMSON
━━━━✳━━━ ™
GALE

Detroit • New York • San Francisco • San Diego • New Haven, Conn. • Waterville, Maine • London • Munich

LIBRARY OF CONGRESS CATALOGING-IN-PUBLICATION DATA

Snake-tacular! Spanish.
  ¡Serpentacular! / edited by Elaine Pascoe.
    p. cm. — (The Jeff Corwin experience)
  Includes bibliographical references and index.
  ISBN 1-4103-0676-3 (hard cover : alk. paper)
  1. Snakes—Juvenile literature. I. Pascoe, Elaine. II. Title. III. Series.

  QL666.O6S674 2005
  597.96—dc22
                                              2004029554

Desde que era niño, soñaba con viajar alrededor del mundo, visitar lugares exóticos y ver todo tipo de animales increíbles. Y ahora, ¡adivina! ¡Eso es exactamente lo que hago!

Sí, tengo muchísima suerte. Pero no tienes que tener tu propio programa de televisión en Animal Planet para salir y explorar el mundo natural que te rodea. Bueno, yo sí viajo a Madagascar y el Amazonas y a todo tipo de lugares impresionantes—pero no necesitas ir demasiado lejos para ver la maravillosa vida silvestre de cerca. De hecho, puedo encontrar miles de criaturas increíbles aquí mismo, en mi propio patio trasero—o en el de mi vecino (aunque se molesta un poco cuando me encuentra arrastrándome por los arbustos). El punto es que, no importa dónde vivas, hay cosas fantásticas para ver en la naturaleza. Todo lo que tienes que hacer es mirar.

Por ejemplo, me encantan las serpientes. Me he enfrentado cara a cara con las víboras más venenosas del mundo —algunas de las más grandes, más fuertes y más raras. Pero también encontré una extraordinaria variedad de serpientes con sólo viajar por Massachussets, mi estado natal. Viajé a reservas, parques estatales, parques nacionales—y en cada lugar disfruté de plantas y animales únicos e impresionantes. Entonces, si yo lo puedo hacer, tú también lo puedes hacer (¡excepto por lo de cazar serpientes venenosas!) Así que planea una caminata por la naturaleza con algunos amigos. Organiza proyectos con tu maestro de ciencias en la escuela. Pídeles a tus papás que incluyan un parque estatal o nacional en la lista de cosas que hacer en las siguientes vacaciones familiares. Construye una casa para pájaros. Lo que sea. Pero ten contacto con la naturaleza.

Cuando leas estas páginas y veas las fotos, quizás puedas ver lo entusiasmado que me pongo cuando me enfrento cara a cara con bellos animales. Eso quiero precisamente. Que sientas la emoción. Y quiero que recuerdes que—incluso si no tienes tu propio programa de televisión—puedes experimentar la increíble belleza de la naturaleza dondequiera que vayas, cualquier día de la semana. Sólo espero ayudar a poner más a tu alcance ese fascinante poder y belleza. ¡Que lo disfrutes!

Mis mejores deseos,

¡Serpentacular!

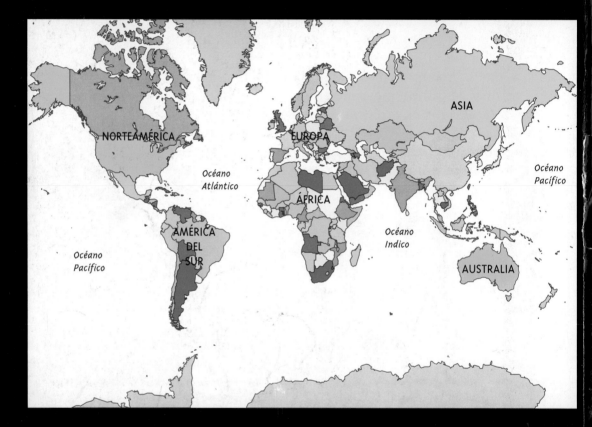

- NORTEAMÉRICA
- Océano Atlántico
- AMÉRICA DEL SUR
- Océano Pacífico
- EUROPA
- ÁFRICA
- ASIA
- Océano Indico
- Océano Pacífico
- AUSTRALIA

Mi mundo está lleno de serpientes...
y vamos a explorar ese mundo desde
la selva tropical de Sudamérica,
hasta los pantanos de Luisiana,
los desiertos de África y todos los
lugares entre medio. Vamos a ver
uno de mis animales preferidos.
Acertaste, son las serpientes.

Me llamo Jeff Corwin.
Bienvenido a ¡Serpentacular!

Me podría pasar el día mirando serpientes.

6

El crótalo diamantino occidental es una serpiente potencialmente peligrosa.

El cascabel está formado por piel muerta.

Me fascinan las serpientes. La mejor manera de iniciar esta gira serpentacular es comenzando con esta belleza norteamericana. Si quieres identificarla, sólo tienes que mirar la pila de piel muerta en la punta de la cola. Eso te indica que es una víbora cascabel. Éste es el crótalo diamantino occidental. De casi 30 especies de cascabeles en el Nuevo Mundo, puede ser la más peligrosa.

Esta es Quemaida Grande.

Esta víbora tiene una prima cuyo aspecto es muy distinto, muy hermosa. Para encontrarla, debemos ir a una pequeña isla cerca de la costa de Brasil...

Bienvenido a la Isla Queimada Grande, en Brasil. Ningún humano habita en esta isla— no me extraña, esta isla está plagada de víboras mortales. Desde aquí hasta el territorio continental hay que viajar en bote durante cuatro horas y el gobierno brasilero nos obliga a traer suero antiofídico, la medicina que se usa para las picaduras de serpientes.

Estas víboras son difíciles de agarrar...

...pero la agarré. Una hermosa víbora.

Entre las hojas de esta bromeliácea hay una preciosa serpiente. Necesito concentrarme para poderla agarrar. Estas víboras son muy pequeñas y veloces, por lo tanto son muy difíciles de agarrar.

¡Caramba, esta serpiente es muy inquieta! Cuando uno no las molesta, las víboras por naturaleza suelen andar tranquilas. El problema con estas serpientes es que cuando uno las aprieta o cuando se sienten amenazadas, son rápidas para luchar, rápidas para atacar. No quiero que esta serpiente me muerda y no quiero

Estas víboras atacan rápido.

que se lastime, y puede hacerlo fácilmente si se perfora su propia carne con esos grandísimos colmillos que tiene en la parte de adelante de la boca. Estoy usando mis dedos para prevenir eso. Tengo el pulgar y el dedo medio uno a cada lado de sus mandíbulas y mi dedo índice sujetando la cabeza, pero se está moviendo mucho. Tengo miedo de que se lastime. La voy a soltar.

Antes de que se me olvide, aunque te expliqué cómo estaba sujetando la serpiente, ¡no quiero que lo tomes como instrucciones para que tú intentes capturar tu propia serpiente!

Cuando nos dijeron que esta isla estaba plagada de serpientes, de verdad que yo no les creí. Pero hay serpientes por todos lados. Ésta está olfateando el aire con la lengua, detectando nuestro olor. Me pregunto cómo sería si fuéramos serpientes y anduviéramos olfateando el mundo con la lengua.

Está sacudiendo la cola como advertencia. Pero a diferencia de sus parientes, las serpientes cascabeles, esta víbora no tiene cascabel. Depende de las hojas y ramitas que tiene a su alrededor en el suelo, sacudiéndolas con la cola para hacer ruido cuando se siente asustada. La dejaremos en paz.

Próxima parada, Ecuador...

Este es un verdadero tesoro. Justo enfrente de mí puedes ver una serpiente espectacular que ha bajado de los árboles de la selva. Es un bejuquillo verde.

Al viajar por lugares como la India y el sudeste asiático, he capturado serpientes que se parecen a ésta. Es un ejemplo de algo que se llama convergencia, es decir cuando dos especies en dos partes distintas del mundo desarrollan adaptaciones o mecanismos de supervivencia similares para superar las dificultades del medioambiente.

Las especies tienen orígenes únicos. No comparten ningún antecedente genético ni biológico similar, pero sobreviven de la misma manera, ya sea por comer un recurso en particular o por la manera en que eluden un depredador.

Los bejuquillos verdes se mimetizan con las ramas en las que viven.

¿Ves la serpiente?

Mira la cabeza con forma de hoja.

Este bejuquillo anda por aquí. Puedes pasar cerca de ella sin darte cuenta de que es una serpiente de dos metros de largo. Seguro que pensarías que es una prolongación de alguna enredadera o zarcillo de un filodendro, pero es una maravillosa serpiente.

Ahora vamos a Panamá.

Este es un lugar muy alejado.

¡Qué linda serpiente!

Elegí el lugar más inaccesible de Panamá para salir a buscar serpientes, un área llamada Darién. No hay camino y hay que alquilar un avión para llegar. Pero aquí es donde encontré una de las serpientes más increíbles que jamás he visto.

¿Ves las escamas que tiene arriba de los ojos? Parecen pestañas...

Esta es una víbora de pestañas. Aunque no son particularmente agresivas, son muy, pero muy, venenosas y tienen un muy buen alcance. Aproximadamente un tercio de todas las picaduras de víbora son secas, es decir que no contienen veneno. Para disminuir las

Piel compuesta de escamas.

Estas serpientes tienen una coloración espléndida.

probabilidades, hay que tener cuidado cuando manipulas serpientes venenosas. Si te equivocas, te puedes morir y no le puedes echar la culpa a la serpiente.

Observa justo arriba de los ojos, donde se ve una hilera de escamas. Por eso a esta serpiente se la llama víbora de pestañas pero no porque tenga pelo. Los reptiles no tienen pelo, tienen escamas.

Mira el camuflaje. Estas son las víboras más bonitas que encuentres en el Nuevo Mundo. Las hay de todos colores: naranja, amarillo, verde. Ésta es color canela. No importa cuanto miedo le tengas a las serpientes, pero al ver esta criatura no puedes decirme que no es un hermoso animal.

La cabeza de cobre es una serpiente común.

Ahora sí, aquí hay algo serpentacular. Mírala, una cabeza de cobre del sur. La cabeza de cobre es probablemente una de las víboras más comunes que habitan en Norteamérica. A continuación iremos a los sofocantes pantanos de Luisiana a buscar una prima de estas serpientes.

Estas serpientes viven en todo Norteamérica.

Encontré una mocasín acuática bebé.

Me encanta Luisiana porque nos permite descubrir animales maravillosos— aligatores, tortugas mordedoras, grandes crótalos. Pero aquí está uno de mis preferidos, un animalito pequeñito de tan sólo 8 pulgadas (20 cetímetros) de largo pero armado con veneno.

Lo que estamos viendo es una mocasín acuática muy joven, probablemente haya nacido hace sólo un mes. Cuando una mocasín acuática bebé llega al mundo, puede ser

Es pequeña, pero su veneno es potente.

La colita parece un gusano.

pequeña, puede ser hermosa, pero produce hemotoxina, un veneno que destruye la sangre y los tejidos, igualito que sus padres.

En algunos casos, las serpientes jóvenes pueden ser aún más venenosas que las adultas porque su veneno está más concentrado. Las serpientes usan su veneno para matar a su presa. Debido a su tamaño pequeño, las serpientes jóvenes producen menos veneno.

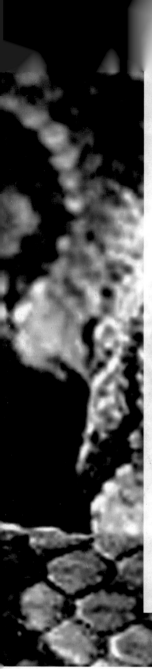

Por lo tanto el veneno tiene que ser potente para que funcione rápido.

Cuando este animal anda cazando, permanece muy quieto. Tiene un maravilloso camuflaje para mimetizarse con las hojas, cañas y otras partes de las plantas. Luego menea la cola para atraer lagartijas, ranitas y todo tipo de animalitos que puede capturar como presa. Literalmente usa la cola como carnada.

Ahora vamos a Arizona.

Estas se mimetizan con su entorno. ¡Qué camuflaje espectacular!

No quiero resbalarme con la víbora cascabel cola negra.

A Arizona se la conoce por sus desiertos, pero en las montañas se encuentran unas estupendas serpientes. Acabo de encontrar una hermosa serpiente originaria de Arizona. Estoy en un lugar muy problemático, en una pendiente empinada y en la punta del palo tengo una de los crótalos más bonitos que se pueden encontrar en el sudoeste. Esta es un crótalo cola negra. Con la protección de este palo largo, te puedo mostrar que no sólo la punta de la cola es negra sino también la punta del hocico.

Aunque estas serpientes son venenosas y peligrosas—si uno es descuida-do con ellas y no respeta su lugar—no son agresivas por lo general. Por naturaleza no son de venir a atacar. Prefieren que sus colores se mimeticen con estas piedras grises y amarillas y que nadie las moleste.

Próxima parada, África....

Éste es el cascabel.

Estos crótalos se conforman con dejarnos en paz.

Víbora del Gabón

Mira la circunferencia de esta víbora. Es una víbora del Gabón, una de las víboras venenosas más rápidas sobre la faz del planeta y un hermosísimo animal. También tiene la mala fama de tener los colmillos más largos, hasta 2 pulgadas (5 centímetros) de largo.

Este animal es ovovivíparo. ¡Repite esta palabra diez veces! Ovovivíparo significa que estas víboras, en lugar de poner huevos, dan a luz crías vivas.

La víbora del Gabón lleva el nombre de un país de África, el país de Gabón. Pero algunas serpientes llevan el nombre por su manera de desplazarse…

El desierto de Namibia en África es absolutamente impresionante, y una de las extrañas serpientes de aquí está mejor adaptada a este terreno inclemente que yo.

Tengo en mis manos una serpiente delicada pero muy venenosa, una víbora cornuda del desierto, que también se llama víbora de Peringuey, pero suele llamarse víbora cornuda del desierto. Y mira la manera en que se desplaza. Impulsa la parte de arriba del cuerpo hacia delante y luego el resto del cuerpo se ondula mientras se desplaza por la

¿Ves cómo se desplaza esta serpiente?

arena. Sólo una pequeña porción del cuerpo va tocando la arena caliente en un determinado momento.

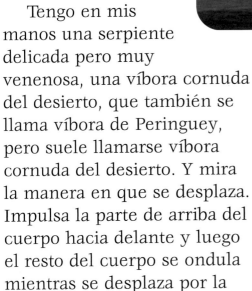

Esta serpiente se desplaza de manera única—reduce el contacto con la arena caliente.

Tiene una picadura potente. Es una víbora, y como en la mayoría de las especies de víboras, el veneno sirve para matar a la presa y destruir su tejido, para facilitar el proceso de digestión.

Su cuerpo es marrón casi hasta el final, pero la punta de la cola es negra. Usa la cola como carnada. La mueve y atrae a hambrientas lagartijas. Luego las muerde, las mata con su veneno y las traga enteras.

Las víboras cornudas del desierto tienen una picadura potente.

La puntita de la cola es negra.

Atrapar una mamba negra es muy peligroso.

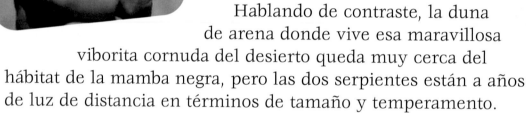

Hablando de contraste, la duna de arena donde vive esa maravillosa viborita cornuda del desierto queda muy cerca del hábitat de la mamba negra, pero las dos serpientes están a años de luz de distancia en términos de tamaño y temperamento.

La mamba negra es una de las serpientes más peligrosas del mundo. Estoy en el paraíso en este momento. Para un herpetólogo no hay nada mejor que poder ver este animal cara a cara. Es una serpiente espectacular cuando se la respeta y verdaderamente nos hace ver la belleza y magnificencia de África.

Esta serpiente es rápida como un relámpago—su ataque casi no se alcanza a ver. Es miembro de la familia elapidae de serpientes y es un poquito distinta porque puede controlar sus colmillos. Los tiene hacia atrás a lo largo de las mandíbulas y saltan hacia delante cuando está lista para morder.

Necesito tener mucho cuidado porque el veneno de esta serpiente es muy potente. Es una neurotoxina, un veneno que funciona paralizando el sistema nervioso de su presa. Si esta mamba me llegara a morder debería comenzar a recibir el suero antiofídico dentro de cuatro horas. Si te muerde esta víbora y no te pones el suero antiofídico, te vas a morir.

Esta serpiente que tengo en la mano es una de las más mortales del mundo.

Cuando comencé a rastrear la mamba negra, no tenía miedo. Pero cuando descubrí que el gobierno de Namibia insistía en que tuviéramos una ambulancia, un helicóptero y un médico de guardia, es cuando empecé a ponerme nervioso.

Ahora quiero que veas una serpiente que no es venenosa, pero aún así es un descubrimiento increíble.

En la selva tropical de Madagascar vive una magnífica serpiente, la serpiente hocico de cerdo de Madagascar. ¿Por qué esta serpiente se llama hocico de cerdo? Mírale el extremo del hocico, el rostro. Se ve que está un poco levantado, como el hocico de un cerdo. Esta serpiente usa la nariz como una pala y es experta en excavar. Excava para hacerse una pequeña guarida debajo de los desechos en el suelo de la selva o para buscar presas.

En la parte de atrás de la mandíbula de esta serpiente hay dos colmillos. La serpiente los usa para pinchar a la presa. ¿Por qué necesita pinchar a su presa? A esta serpiente le encanta comer ranas. La rana al ser capturada se infla para que sea más difícil que la traguen. ¿Cómo te tragas ese globo? Lo revientas. Eso es lo que la serpiente hace con los colmillos de atrás.

Voy a devolver a este animal al lugar donde lo encontré, y sigamos buscando. Vámonos a Tailandia.

Aquí estoy en la selva tropical de Madagascar.

¿Ves la nariz?

Víbora de bambú

¿Alguna vez viste una serpiente así de verde? Ésta es la víbora de bambú de Tailandia, en el sudeste asiático. Es venenosa, entonces la tengo que sujetar de manera tal de no lastimarla y que no me lastime. Tiene un camuflaje sorprendente, los colores le ayudan a mimetizarse con el follaje y nos enseña que cuando se trata de serpientes, la vida es más fácil cuando uno es verde.

Esta serpiente verde como una lima es una víbora labios blancos. Como puedes ver por sus colores, también se mimetiza maravillosamente bien con el follaje de la selva tropical del sudeste asiático. Este animal, al igual que el 80 por ciento de los animales que viven en esta selva tropical, es arbóreo. Esto significa que la mayor parte de su vida se la pasa en la copa de los árboles desplazándose por las ramas en busca de su presa.

¡Tiene un color tan espléndido!

Esta serpiente es extremadamente venenosa pero no tiene fama de ser muy cascarrabias ni agresiva. Habiendo dicho eso, estoy a muchas millas del hospital más cercano, y no quiero que ésta sea la última selva tropical que exploro contigo en nuestro recorrido por el mundo. Entonces debo respetar a este animal y sujetarlo muy cuidadosamente. ¿No es precioso? Tiene el cuerpo robusto y la cabeza con forma de flecha. Es un cazador sigiloso que se mimetiza con las hojas gracias a su color.

Ésta se está perfectamente adaptada a la selva tropical.

Hablando de verde, ¿recuerdas al bejuquillo verde perfectamente camuflado que vimos en Ecuador? El bejuquillo verde es originario de Sudamérica. Pero asombrosamente dando media vuelta al mundo, en Tailandia, hay otra serpiente que no está relacionada para nada pero tiene un aspecto idéntico.

Mira, es una perfecta serpiente de la selva tropical. Se nota que está asustada porque infla la parte anterior del cuerpo. Está separando las escamas verdes, para que se le vea la piel blanca y las escamas negras. Así aparenta ser feroz, un poco más intimidante, para que no te la vayas a comer.

Aquí hay otro bejuquillo verde.

La forma de esta serpiente le ayuda a mimetizarse con las ramas.

La serpiente marina *Laticauda colubrina* es muy, pero muy, venenosa.

¿A que no adivinas? Estoy en Borneo. Cerca de la costa de Borneo hay un lugar llamado Isla de las Serpientes, y no pienso perder esta oportunidad.

Estamos rodeados de serpientes increíbles y muy venenosas. Para encontrarlas, debemos buscar debajo de las piedras donde les gusta enterrarse a estos animales.

Debajo de esta piedra hay una serpiente marina *Laticauda colubrina*. Estas serpientes no son famosas por ser extremadamente agresivas, pero son muy, pero muy, venenosas. Voy a agarrarla como si estuviera muy caliente, y cuando digo caliente quiero decir peligrosa.

La serpiente marina *Laticauda colubrina* pasa el 90 por ciento de su vida en el océano, nadando alrededor de arrecifes coralinos en busca de anguilas, peces y otras presas. Ésta es una hembra, muy cerca está el macho. Míralo. Se nota la diferencia entre una hembra y un macho porque el macho es mucho más pequeño. Los dos tienen la cabeza grande y roma, igual que su pariente mortal, la cobra.

A diferencia de la serpiente marina *Laticauda colubrina* de Borneo, esta pitón burmesa del sudeste asiático no es venenosa. No necesita ningún veneno—esta serpiente sobrevive por su tamaño. Es una de las serpientes más

Aquí estoy con mi amiga la pitón burmesa.

grandes del mundo. Puede alcanzar a tener más de 20 pies (6,1 metros) de largo, ser tan gorda como un poste de teléfono y pesar cientos de kilogramos. Cuando esta serpiente quiere comer, lo único que tiene que hacer es darle a su presa un abrazo mortal.

Boa arco iris

¡Mira! Ésta es una de las constrictoras más bonitas de Sudamérica, se llama la boa arco iris por ese brillo lustroso que se le ve en las escamas. Es casi como si brillara. Puedes encontrarla viviendo en el suelo de la selva. A veces se arriesga a subirse a las ramas en busca de aves. Te quiero mostrar algo—en la India.

Pitón india

En este árbol hay una pitón india que en un momento era muy común en toda la India. Hoy es bastante rara debido a la pérdida de su hábitat y a la sobre-caza.

A esta serpiente no le gustó que la sacara de su árbol, pero la agarré. Es una pitón de tamaño mediano, una preciosa serpiente. Se ha enroscado en mi brazo. Así es como se protege y, más importante, así es como mata a su presa. El brazo se me está poniendo morado porque la pitón está literalmente cortándome la circulación. Si estuviera abrazando a un chacal bebé u otra cosa, lo apretaría hasta matarlo. Cada vez que exhalaba el animal, se contraía más y más la pitón.

Aunque esta pitón sea lindísima, nuestro viaje a la India tenía otro propósito.

Bajemos esta serpiente del árbol.

La pitón aprieta para protegerse.

Encontré una pequeña aldea en el sur de la India donde la gente forma parte de la tribu llamada Irula, y por generaciones se ha ganado la vida buscando serpientes. Las familias irulas van al campo y capturan serpientes venenosas, generalmente cobras. Guardan las serpientes en recipientes de barro hasta que les toque el turno para extraerles el veneno.

Encargado de las serpientes Irula.

Ésta es una cobra, una serpiente muy venenosa. Parece que está enojada. Para poderle extraer el veneno hay que sujetarla con mucho cuidado. Luego dejamos que muerda y eche el veneno naturalmente, que lo haga por su cuenta porque no queremos lastimarla.

Cada año en la India, las serpientes venenosas muerden a más de diez mil personas. Este veneno será deshidratado hasta convertirlo en cristales y se usarán para hacer el suero antiofídico, que es la medicina que se usa cuando te muerde una serpiente.

Es la primera vez que le extraigo el veneno a una víbora de Russell....

...el sueño de todo herpetólogo.

En la cooperativa de Irula, me sentía como un niño en una juguetería. Voy a elegir el próximo juguete de Jeff Corwin, será la víbora de Russell, una serpiente extremadamente agresiva.

Nunca antes le había extraído el veneno a una víbora de Russell, pero no se lo dije a nadie. Sabía que este animal podía ser un poco irritable, pero no estaba preparado para estos coletazos. Le extraje el veneno, pero casi se me escapó. Es de naturaleza extremadamente cascarrabias. En el campo no es una serpiente a la que convenga molestar.

Una magnífica coral...

...muy, pero muy, venenosa.

¡Vaya, tengo una hermosa serpiente para mostrarte! Mira que maravillosa es con esos colores vivos. Detrás de este patrón hay un mensaje. El mensaje dice: "Si el rojo toca al negro, amigo de Pedro. Si el rojo toca al amarillo, corres peligro".

Rojo y amarillo quiere decir que es una víbora coral. He trabajado con todo tipo de víboras venenosas, pero una sola vez me picó una víbora venenosa y fue justo una coral. Ese fue un mensaje para mí indicándome que debía tener mucho cuidado con las víboras venenosas, y no tengo pensado que me vuelvan a picar.

Ésta es la víbora más venenosa del Nuevo Mundo. Pertenece a la familia llamada elapidae, el grupo que incluye las cobras y las serpientes marinas *Laticauda colubrina*.

Hablando de cobras, en la India hay un increíble festival, como si fuera una Olimpiada para cobras.

Las cobras son animales sagrados en la religión hindú. Durante el festival Naga Panchami, el pequeño pueblo de Battis Shirala se llena de miles de turistas que vienen por un solo motivo, las cobras.

Durante las dos semanas antes del festival, 65 equipos han estado juntando serpientes y ahora todo se reduce a un momento final. Habrá dos ganadores, el equipo que tiene la serpiente más rápida o más pesada y el equipo que tiene la serpiente más larga.

El festival de las cobras en Naga Panchami es un sueño hecho realidad para los amantes de las serpientes.

La cobra sólo ataca cuando su caperuza está desplegada.

Invasión de cobras.

La cobra puede atacar horizontalmente sólo hasta la misma distancia que se puede levantar verticalmente. Así es como aquellos que se encargan de ellas saben que están lo suficientemente lejos para estar fuera del alcance de su picadura mortal. Esta persona tiene una zona de seguridad de 3 pies (0,9 metros) alrededor de la serpiente. La cobra solamente ataca cuando tiene la caperuza desplegada. Estos hombres no les tienen miedo a las serpientes. Ellos creen que hay un respeto mutuo entre los seres humanos y las serpientes. Este festival, en honor a este reptil, asegura este eterno vínculo.

El festival de Naga Panchami no sólo se lleva a cabo en las calles sino también en las casas. De hecho, es en la casa donde ocurre el ritual más importante.

En la religión hindú, la cobra se la conoce como Nag. Nag está asociada con Shiva, el dios de la destrucción. Entonces, la cobra no sólo es un animal físicamente peligroso, sino que también es un ser espiritualmente poderoso.

Por eso, durante el festival, a las cobras capturadas por los expertos se las trata como invitadas de honor. En esta casa, la dueña de casa presenta una ofrenda a Nag, ofreciéndole leche. El dueño de casa espolvorea polvo bermellón y le coloca una corona en la cabeza al animal.

En las casas se hacen rituales especiales.

Esta cobra está adornada con una corona roja.

Le dan leche como una ofrenda.

Me quedo para disfrutar la fiesta

Hay mucha controversia en cuanto a este festival y creo que en un mundo ideal sería mejor dejar las cobras en su hábitat natural. Pero si va a haber una relación donde un ser humano se reúne con una cobra, probablemente sea mejor que se les rinda culto a las serpientes en lugar de matarlas por miedo.

Espero que hayas disfrutado nuestro recorrido en busca de las más grandiosas serpientes del planeta. ¡Te veré pronto en nuestra próxima aventura!

Glosario

bermellón pigmento rojo vivo

constrictoras serpientes que matan a su presa apretando o comprimiendo

convergencia cuando dos especies en dos partes distintas del mundo desarrollan mecanismos de supervivencia similares

copa conjunto de ramas y hojas de los árboles

elapidae un tipo de serpiente venenosa

hábitat un lugar donde los animales y las plantas viven juntos naturalmente

hemotoxina veneno que hace daño a la sangre y los tejidos

herpetólogo científico que estudia reptiles

neurotoxina veneno que hace daño al sistema nervioso

ovovivíparo que produce huevos que crecen en el cuerpo y da a luz crías vivas

religión hindú la religión dominante de la India

rostro hocico que sobresale

selva tropical bosque tropical donde llueve mucho

suero antiofídico el antídoto para el veneno de las serpientes

venenoso que tiene una glándula que produce veneno para autodefensa o para cazar

víbora un tipo de serpiente venenosa

Índice